# Unterrichtsstörungen lösen und effektiv vermeiden

Mit dem richtigen Classroom Management Schritt für Schritt zu mehr Autorität als Lehrer und produktivem Klassenklima

## Annika Wienberg

# INHALT

# 1. Das erwartet Sie in diesem Buch

Fühlen Sie sich ausgelaugt in Ihrem Beruf? Machen Ihnen Ihre Schüler das Leben zur Hölle? Fällt es Ihnen schwer, morgens aufzustehen, weil Sie sich vor dem Schulalltag fürchten? Dann kann Ihnen mit diesem Buch geholfen werden. Der Job eines Lehrers ist nicht leicht. Störungen und provozierende Schüler können Ihnen den Schulalltag maßgeblich erschweren und jeglichen Spaß am Unterrichten rauben. Besonders in diesem Berufsfeld ist die Gefahr eines Burn-outs nicht zu unterschätzen. Vielleicht befinden Sie sich schon an einem Punkt, an dem Sie mit dem Gedanken spielen, das Handtuch zu werfen.

Doch das muss nicht so sein. Lassen Sie sich ein auf eine Reise, die Ihnen wirksame Veränderung bringen wird. Sowohl Ihre mentale Gesundheit als auch Ihre Schüler werden es Ihnen danken!

In diesem Buch lernen Sie, wie Sie Unterrichtsstörungen bestmöglich entgegenwirken können. Beruhend auf neuesten wissenschaftlichen Erkenntnissen bekommen Sie Strategien an die Hand, die Ihnen dabei helfen, mit Disziplinkonflikten umzugehen und angemessen auf unerwünschtes Schülerverhalten zu reagieren. Lernen Sie, sich in Ihre Schüler hineinzuversetzen, und gehen Sie den Ursachen von Störungen auf den Grund. Es gibt psychologische Ansätze, die Sie dazu befähigen, Ruhe zu bewahren und sich nicht provozieren zu lassen. Worauf warten Sie also noch? Machen Sie Ihren Beruf wieder zu Ihrer Berufung!

Mit hilfreichen Praxistipps können Sie es schaffen, wieder Herr über Ihren Unterricht zu werden und dabei sogar die Beziehung zu Ihren Schülern zu stärken.

Begeben Sie sich auf den Weg zu effizienter

Klassenführung und einem friedlichen Miteinander im Unterricht.

# 2. Die Schülerseite: Wie entstehen Unterrichtsstörungen?

Um den Ursachen für das Störungsverhalten in Ihrer Klasse auf den Grund zu gehen, wollen wir uns zuerst in die Perspektive Ihrer Schüler hineinversetzen und mögliche Faktoren ergründen. Auch wenn Ihnen das ständige Schwätzen, Hineinrufen oder jegliche

Art der Fremdbeschäftigung durch Ihre Klasse willkürlich vorkommen mag, so gibt es doch einige mögliche Faktoren, die sich zu einer Ursache zusammensetzen lassen.

## 2.1. SCHÜLERSICHT: UNTERRICHT ANDERS WAHRNEHMEN

Wir wollen in diesem Ratgeber beide Perspektiven auf Ihren Unterricht beleuchten: die vor und die hinter dem Lehrerpult. Versetzen Sie sich zurück in die Zeit, als Sie täglich vor dem Lehrerpult Platz genommen haben, dann werden Sie vermutlich andere Emotionen mit diesem Ort verbunden haben, als Sie das heute tun. Schüler sind ihrer Lernumwelt gegenüber generell negativer eingestellt als die Lehrkräfte. Neben der typischen Langeweile und fehlender Motivation führen auch nervende Mitschüler, unfaire Lehrer oder externe Stimuli, wie beispielsweise eine Baustelle in hörbarer Reichweite, schnell zu lautem Stöhnen, genervtem Augenrollen oder verbaler Beschwerde.

Auch ihre Sichtweise auf den Lehrer unterscheidet sich oft maßgeblich von Ihrem eigenen Bild auf Ihre Lehrerpersönlichkeit. Schüler empfinden schnell Wut gegenüber der Lehrkraft und sehen den Fokus des Lehrerhandelns häufig im Durchboxen des Unterrichtsstoffs sowie in ihren Handlungen den Schwerpunkt auf Kontrolle und Disziplin. Als Maßnahme für störendes Verhalten nehmen Schüler vorwiegend lautes Schimpfen und Brüllen wahr und verknüpfen es fest mit dem Bild einer Lehrperson. Auch wenn Sie sich im Unterrichtskontext anders beschreiben würden und vermutlich auch auf andere pädagogische Strategien setzen, so überwiegen doch diese Aspekte des Lehrerdaseins in der Wahrnehmung Ihrer Schüler.

Grundsätzlich spielt auch die Lebensrealität der Schüler, der sie in ihrer Sichtweise auf Normen und Werte maßgeblich prägt, eine große Rolle in Bezug auf innerschulische Dynamiken. Je nach Klassenzusammensetzung können sich viele unterschiedliche Ansichten bezüglich Themen wie Moral, Benehmen, Erziehung und gesamte Weltanschauungen versammeln. Für einige stellt der Schulalltag dadurch einen starken Kontrast zu ihrem Leben außerhalb dar, was auch auf sprachlicher Ebene schnell sichtbar wird. Was für manche Schüler gängige Formulierungen oder Worte aus ihrem täglichen Sprachgebrauch zu sein scheinen, können aus Sicht der Lehrkraft als dramatische Umgangsformen untereinander bewertet werden.

In der Regel sind sich Schüler und Lehrer jedoch in dem Punkt einig, dass sich beide durch akustische Störungen am meisten beeinträchtigt fühlen (vgl. Tücke, 1998, S. 277). Genau wie Sie durch Geräusche aller Art in Ihrer Arbeit gestört fühlen, tun das Ihre Schüler auch. Die Eindämmung vermeidbarer Störungen ist damit ein Anliegen, das Sie mit vielen Schülern in Ihrer Klasse teilen werden. Worin sich die Sichtweise auf Störungsverhalten jedoch meisten unterscheidet, ist die Tendenz vieler Lehrkräfte, dieses schnell auf ihre Unterrichtsqualität zu beziehen und sich persönlich angegriffen zu fühlen. Vielleicht kennen Sie den Gedanken, Ihre Schüler hätten es auf Sie abgesehen und würden alles daran setzen, Sie zur Weißglut zu treiben. In vielen Fällen rühren Unterrichtsstörungen durch Ihre Schüler aber aus vielen unterschiedlichen Ursachen, die in den folgenden Kapiteln analysiert werden.

Die Schuld für Störungen im Unterrichtskontext suchen Schüler meistens sowohl bei der zuständigen Lehrkraft als auch in ihrem eigenen Benehmen, während Lehrer dazu neigen, das Fehlverhalten allein den betroffenen Schülern zuzuschreiben (vgl. Hilgers, 1987).

Meistens liegt die Wahrheit irgendwo in der Mitte. Sowohl Sie als auch Ihre Klasse trägt einen gewissen Teil dazu bei, dass es im Unterricht zu Problemen kommt.

## 2.2. STÖRUNGSTYPEN UND URSACHEN

Wir wollen nun gemeinsam einen Blick auf unterschiedliche Arten der Störung werfen, welche Ihnen im Unterrichtsalltag begegnen könnten. Lohmann (2003, S. 12) bezeichnet Unterrichtsstörungen als „Ereignisse, die den Lehr-Lern-Prozess beeinträchtigen, unterbrechen oder unmöglich machen, indem sie die Voraussetzungen, unter denen Lehren und Lernen stattfinden kann, teilweise oder ganz außer Kraft setzen". Das bedeutet, dass die Grundvoraussetzungen, unter denen erfolgreiches Lernen stattfinden kann, wie physische und psychische Sicherheit, Ruhe, Aufmerksamkeit und Konzentration, durch Störreize teilweise genommen werden und einen konstruktiven Unterrichtsverlauf maßgeblich stören. Sie werden es aus Ihrer Klasse kennen, Störungen können von überall kommen.

In vielen Fällen treten sie durch unangemessenes Schülerverhalten auf, aber auch die Lehrkraft selbst oder andere Stimuli von außen können dafür sorgen, dass die Lernvoraussetzungen und das -klima verschlechtert werden. Das passiert durch Zwischenrufe, verbale oder auch physische Angriffe, ungefragtes Herumlaufen im Raum, jegliche Art von Hektik, Geschrei durch die Lehrkraft oder unangemessenen Sarkasmus, der Disziplinkonflikte häufig noch anheizt. Aber auch externe Faktoren, auf die Sie und Ihre Klasse keinen Einfluss haben, können den Unterrichtsfluss durchbrechen. Sie können sich wahrscheinlich gut vorstellen, wie interessant Ihre Schüler ein plötzliches Wetterereignis wie Schnee und starken Sturm oder den Lärm eines Hubschraubers oder Krankenwagens in Sichtweite finden, während Sie gerade ein neues Thema einleiten wollen. Besonders penetrante Störenfriede sind allerdings Baustellen, die sich in hörbarer und am besten auch sichtbarer Reichweite befinden und für einen permanenten Lärmpegel und damit auch reichlich Ablenkung sorgen.

Grundsätzlich hat aber jede Lehrkraft ihre eigene Schmerzgrenze hinsichtlich des Verhaltens ihrer Schüler. Es liegt erst einmal in Ihrem Ermessen und Ihren Empfindungen, was Sie als störend bewerten und was nicht. Eder et al. unterscheiden vier Kategorien von Schülerstörungen. Verbale Störungen wie Schwätzen, vorlautes Hineinrufen und Beleidigungen untereinander oder gegenüber Ihnen als Lehrperson treten am häufigsten auf. Sowohl Lehrer als auch Schüler fühlen sich durch diese Art der Störung im Unterrichtskontext am meisten behindert. Ganz anders verhält es sich mit mangelnder Motivation als Auslöser für geistige Abwesenheit und ausdrückliches Desinteresse. Hierbei wird meistens zu einer unterrichtsfernen Möglichkeit der Ablenkung gegriffen, wie etwa gedankenverlorenes Kritzeln, Lesen von privater Literatur oder Spielen auf dem Smartphone. Als dritte Kategorie führen Eder et al. Motorische Störungen an. Ein unruhig wirkender Schüler kann das ganze Unterrichtsklima verschlechtern und beispielsweise durch Kippeln mit dem Stuhl, Zappeln oder ziellosem Herumlaufen im Klassenraum ebenfalls andere Schüler ablenken. Im Gegensatz zu den ersten drei Arten von Schülerstörungen tritt die vierte, statistisch gesehen, relativ selten auf. Eine Unterrichtsstörung in Form von aggressivem Verhalten, das sich in Form von Angriffen, Wutanfällen und Sachbeschädigung zeigen kann, ist gleichzeitig auch diejenige, die den Verlauf einer Stunde mit Abstand am heftigsten beeinträchtigt (vgl. Lohmann 2003, S. 13).

Je nachdem, wie gut Sie mit jeglicher Art von Störung umgehen können, welche Interventionsstrategien Sie anwenden und wie gefestigt Sie in Ihrer Lehrerpersönlichkeit sind, kann Schülerverhalten wie das eben angeführte Ihnen auch unterschiedlich stark auf die Psyche schlagen. Die Bewältigung und der allgemeine Umgang mit Störsituationen stellt die herausforderndste und damit auch die belastendste Aufgabe im Alltag eines Lehrers dar.

Neben den internen und externen Störungen, die bereits genannt wurden, gibt es noch eine Steigerung des Ausmaßes an Störung, nämlich wenn diese in einem Disziplinkonflikt münden. Diese entstehen durch unterschiedliche Erwartungen, Normen und Bewertungen auf Lehrer- und

Schülerseite und sind aufgrund unterschiedlicher Lebensrealitäten unvermeidbar. Konflikte und Diskussionen im Klassenraum wird es immer geben, so viel ist klar. Ihre Wahrscheinlichkeit erhöht sich, je höher die Diskrepanz zwischen den jeweiligen Normvorstellungen der beiden Parteien ist. Herrscht beispielsweise der allgemeine Duktus unter einigen Schülern, dass Gruppenarbeiten als langweilig und uncool gelten, überträgt sich diese Einstellung sehr schnell auf die Mehrheit der Klasse und bietet großes Potenzial für Schüler-Lehrer-Konflikte.

Aber auch Sie als Lehrkraft können der Ursprung eines solchen Disziplinkonflikts sein. In Ihrer Rolle stehen Sie vor der unmöglich erscheinenden Aufgabe, alle Schüler gleichermaßen zu behandeln und gleichzeitig auf individuelle Bedürfnisse einzugehen. Diese beiden Ansprüche zu erfüllen, ist beinahe unmöglich, da sie sich in großen Teilen gegenseitig aushebeln. Es ist aber Ihre Aufgabe als Lehrkraft, diese Balance zu finden und möglichst gut zu halten.

Im nächsten Kapitel wollen wir der Frage auf den Grund zu gehen, welche möglichen Gründe es für das Störverhalten Ihrer Schüler geben könnte.

## 2.3. URSACHENZUSCHREIBUNG

Lehrkräfte neigen grundsätzlich dazu, die Ursache für Störverhalten einzelnen Schülern zuzuschreiben und ganz plump deren Verhalten und bestimmte Charakterzüge negativ zu bewerten. Durch diesen Mechanismus geraten jedoch alle anderen Beteiligten und möglichen Faktoren aus der Schusslinie. Ebenfalls machen es sich einige Lehrer besonders leicht, indem sie angeben, die Frequenz von Unterrichtsstörungen sei in den letzten Jahrzehnten drastisch angestiegen, was sich allerdings nicht belegen lässt. Wie bereits erwähnt, ist das Störungsempfinden von Lehrkräften so individuell, dass es sich schwer klinisch messen lässt.

Anstatt die Fehler ausschließlich bei Ihren Schülern zu suchen, sollten Sie lernen, sich für andere Einflussfaktoren zu öffnen und damit auch andere Handlungsmöglichkeiten in Betracht zu ziehen.

Viele Lehrer vergessen gern, dass Sie selbst genauso Teil des sozialen Konstrukts „Klasse" sind und damit die Unterrichtsdynamiken maßgeblich mitbeeinflussen. Sie können sich das Ganze so vorstellen, dass jedes Mitglied in Ihrer Klasse einen Ball besitzt. In einer Gemeinschaft ohne Regeln und gemeinsamer Ordnung entsteht ein großes Chaos, weil die Bälle wahllos durch die Gegend geworfen werden. Um das zu verhindern, muss vorab genau besprochen werden, wer, wann, wie und wohin werfen darf. Erst, wenn sich alle auf gewisse Regeln geeinigt haben und diese auch verinnerlicht wurden, können sich die Bälle gegenseitig zugeworfen werden.

Eine funktionierende Klassengemeinschaft zeichnet sich also dadurch aus, dass ein allgemeiner Konsens darüber herrscht, welche gemeinsamen Normen und Werte vertreten werden sollten. Erreicht werden kann dieser Zustand, indem ein Raum des gegenseitigen Austauschs und der Beeinflussung untereinander geschaffen wird, in dem jedes Mitglied sowohl Teil der Klasse ist als auch eine gewisse Verantwortung innerhalb dieser Strukturen übernimmt. In dieser Idealvorstellung von einer Klassengemeinschaft, die Ihnen vermutlich wahnsinnig surreal vorkommt, spielt die gemeinsame Gestaltung von Klassenregeln eine entscheidende Rolle. Wie solche Regeln aufgestellt werden sollten und welche

Formulierungen sich dafür eignen, werden wir in einem späteren Kapitel genauer betrachten.

Nach Rost (2006) basiert jedes Verhalten auf dem Einfluss von vier Elementen. Als Erstes werden die externen und internen Stimuli genannt, die auf jemanden einwirken. Die jeweilige Reaktion basiert wiederum auf dem zweiten Aspekt, den biologisch-physiologischen Eigenschaften dieser Person sowie den zwei weiteren pädagogischen Faktoren auf Lehrerseite. Dabei ist entscheidend, wie systematisch die Lehrkraft mit der Vergabe von Verhaltenskonsequenzen hausiert sowie die Qualität der verstärkenden Aktionen.

Viele Lehrer wollen die Möglichkeit nicht in Betracht ziehen, dass sie selbst in Ihrem Handeln etwas verändern sollten, um ihren Unterricht von unnötigen Störungen zu befreien. Anstatt störendes Verhalten als schicksalhaft und negativ abzutun und darin einen persönlichen Angriff der Schüler auf Sie zu interpretieren, sollten Sie sich möglicherweise an die eigene Nase fassen und überprüfen, inwiefern Sie genug eingreifen, um Störungen entgegenzuwirken.

Wenn wir zu unserem Bild mit dem Ballspiel zurückkehren, dann ergibt sich hier folgende

Situation: Die Lehrkraft bemerkt, dass ein Schüler gerade ansetzt, seinen Ball einem Mitschüler an den Kopf zu werfen. Anstatt dieses Verhalten zu ignorieren, könnte die Lehrkraft zum Beispiel dazwischen springen und den Ball abfangen, bevor dieser sein Opfer trifft, oder sie könnte ihren Ball nehmen, um damit den Wurf abzuwehren und einen Crash zu verhindern.

Was damit gesagt werden soll, ist, dass es viele Möglichkeiten in Ihrem Handeln als Lehrkraft gibt, die Sie so einsetzen können, dass sie präventiv und deeskalierend wirken können. Manchmal ist aber auch nicht der Schüler Auslöser eines unfairen Wurfs. Es kommt auch nicht selten vor, dass der Lehrer seinen Ball immer wieder hart auf seine Schüler feuert und ihnen die Chance genommen wird, diesen vernünftig aufzufangen. Solches Verhalten veranlasst Schüler dazu, ihre Bälle ebenfalls mit voller Wucht auf die Lehrkraft zu feuern. Was dann passiert, ist klar. Es entsteht eine Schlacht mit zwei Parteien: die Schüler gegen den Lehrer. Um diesen Umgang miteinander zu vermeiden, sorgen Sie dafür, dass Ihre Schüler auch die Möglichkeit haben, Ihren Ball vernünftig zu fangen.

Es ist nicht leicht, sich eigene Fehler

einzugestehen; vor allem für Sie als Lehrkraft. Normalerweise befinden Sie sich in der Position, andere zurechtzuweisen und ungünstiges Verhalten zu kritisieren. Doch jetzt ist der Zeitpunkt gekommen, an dem Sie selbst sich kritisch hinterfragen und ihr pädagogisches Handeln zu hinterfragen. Das soll nicht heißen, dass Lehrer an allem schuld sind, was in der Klasse nicht läuft, aber die Option sollte auch nicht vergessen werden.

Wichtig für Sie ist es, erst einmal eine Zielvorstellung zu entwickeln, die Sie mit Ihrer Klasse anstreben möchten. Machen Sie sich dabei immer wieder bewusst, dass es einen störungsfreien Unterricht niemals geben wird.

Machen Sie an dieser Stelle bitte nicht den Fehler zu resignieren! Treten Sie belastenden Unterrichtsereignissen entgegen und betrachten Sie sie als pädagogisch gestaltbar. Es gibt zwar nicht für jedes komplizierte Problem eine einfache Lösung, doch Sie werden in diesem Buch einige Stellschrauben kennenlernen, an denen Sie ansetzen können.

## 2.4. WARUM STÖREN SCHÜLER?

Im Folgenden wollen wir uns ansehen, wo überhaupt angesetzt werden muss, um Unterrichtsstörungen zu minimieren. Dazu werden wir der Frage auf den Grund gehen, warum Schüler überhaupt stören.

Sie werden es kaum glauben, doch ein wesentlicher Grund für unerwünschtes Verhalten in der Schule ist ... Langeweile. Besonders im Jugendalter drehen sich die Gedanken Ihrer Schüler um viele wichtigere Themen als um Ihren Unterricht. Als Bewältigungsstrategie, um sich Ihren langweiligen Unterrichtsinhalten zu entziehen, eignet sich am besten eine alternative Tätigkeit, die die Zeit schneller vergehen lässt. Ob ein Privatgespräch mit dem Sitznachbarn, Herumkritzeln im Deutschheft oder das Flechten einer neuen Frisur – alles scheint interessanter und kurzweiliger als das aktuelle Unterrichtsthema. Die meisten dieser Fremdbeschäftigungen sind für Ihren Unterrichtsfluss nicht besonders dramatisch. Um ihnen entgegenzuwirken, muss auf der Unterrichtsebene angesetzt werden, indem dieser möglichst so verändert wird, dass weniger Raum für Langeweile offenbleibt (vgl. Lohmann 2003, S. 20).

Wirkliche Störungen entstehen erst dann, wenn Ihr Unterricht das „Socializen" nicht zulässt, ohne dass Sie Ihren Unterrichtsfluss unterbrechen müssen. Besonders in der Sekundarstufe lässt sich beobachten, dass die Jugendlichen mit ihrem Kopf oft ganz woanders sind. Der Alltag außerhalb der Schule ist thematisch so weit weg, dass das Interesse für den Unterricht stark schwindet. Abseits der altbekannten Langeweile liegt hier die Priorität in der aktuellen Lebensrealität einfach viel stärker auf dem Austausch mit Gleichaltrigen. Da die Pause meistens nicht lang genug ist, um alles Wichtige zu besprechen, werden klassischerweise diejenigen Unterrichtsstunden für Privatgespräche genutzt, in denen die Klasse vom Lehrer weniger aktiv einbezogen wird.

Es lässt sich allerdings noch ein dritter Grund für unerwünschtes Schülerverhalten klassifizieren, bei dem das Stören sogar bewusst intendiert wird: Aufmerksamkeit. Vor allem bei solchen Schülern, die positive Anerkennung nicht durch gute schulische Leistungen oder fleißige Mitarbeit im Unterricht erreichen, werden andere Wege und Mittel gesucht, um dieses Ziel trotzdem zu erreichen. Ein Klassengeflecht, in dem eher sozial-rebellische Handlungen als wünschenswert oder „cool" angesehen werden, begünstigt diesen Effekt. Hat sich dieses Muster erst einmal festgesetzt, ist es nachträglich nur noch schwer zu verändern. Im Umkehrschluss bedeutet das für Sie als Lehrer, dass Ihre Anweisungen an Gewicht verlieren, da das Befolgen dieser in der Klasse keinen hohen Stellenwert mehr hat. Nimmt die Sehnsucht nach Anerkennung besonders starke Tendenzen an, wird besonders auffallendes – und damit auch besonders störendes – Verhalten genutzt und potenzieller Ärger in Kauf genommen. Dadurch können schnell Machtkämpfe zwischen Lehrer und Schüler entstehen, in denen Ihr Schüler alles daran setzen wird, um gegen Sie nicht einzuknicken, um seine gewonnene Anerkennung zu bewahren. Die logische Konsequenz, die Sie in einer solchen Situation wahrscheinlich ziehen würden, ist eine adäquate Strafe.

Auch wenn diese Schlussfolgerung absolut nachvollziehbar ist, wirkt sie sich doch auf die Lehrer-Schüler-Beziehung negativ aus. Es entsteht ein Gefühl von Macht und Vergeltung, das sich schnell in einen Teufelskreis verwandeln kann. Sobald Sie sich von einem Schüler angegriffen fühlen, entstehen starke Gefühle wie Wut oder Enttäuschung, die wiederum dazu führen, dass Ihre Bestrafung besonders hart – vielleicht zu hart – ausfällt. Ihr Schüler wird die auferlegte Strafe im entstandenen Disziplinkonflikt wahrscheinlich nicht lautlos annehmen, sondern diese verweigern oder ebenfalls mit starken Emotionen darauf reagieren und ausrasten. Sie sehen, die Spirale dreht sich weiter. Im nächsten Moment fühlt sich die Lehrkraft gekränkt und ihre Autorität angekratzt, sodass sich die Wut in eine Angst vor einer drohenden Bloßstellung oder dem Verlust von Kontrolle verwandelt. Daher wird der Lehrer alles daran setzen, das letzte Wort zu haben, wodurch sich der Schüler in der Situation als Verlierer dastehen sieht. In Ihrem Schüler wird es in diesem Moment vermutlich brodeln und Rachegefühle werden gegenüber Ihnen entstehen. Sie merken, wohin sich die Spirale dreht. Solche sich wiederholenden Machtkämpfe haben einen starken negativen Einfluss auf das Klassenklima und machen sowohl Ihnen als auch Ihrer Klasse den Schulalltag schwerer. Sie sollten es also vermeiden, in einen solchen Teufelskreis mit Ihren Schülern zu geraten, aus dem es sich nur schwer wieder herauskommen lässt.

Abschließend lässt sich also zusammenfassen, dass es drei Hauptziele für Schülerstörungen gibt: die Bekämpfung von Langeweile, das Führen von Privatgesprächen und das Erlangen von Aufmerksamkeit und Anerkennung. Meistens gibt es gravierende Ursachen, die von vielen verschiedenen Faktoren abhängen können. In vielen Fällen sind Störungen im Unterricht aber nicht bewusst intendiert, sondern haben ihren Ursprung auf der Kommunikationsebene, mangelnder Reflexionskompetenz oder beruhen auf unklaren Regeln. Um bestimmte Störungen nicht in einer unendlichen Spirale münden zu lassen, sollten Sie den Gründen für das Fehlverhalten Ihrer Schüler auf den Grund gehen. Ihre Klasse sollte das Gefühl bekommen, dass sie bei allen betreffenden Entscheidungen mitsprechen darf und jeder einzelne berücksichtigt wird. Schaffen Sie Verhaltenssicherheit, indem klare Regeln für verschiedene Situationen festgelegt werden, und zwar so, dass sie für alle klar werden, genau wie die Konsequenzen bei einem Verstoß.

Zum Abschluss dieses Kapitels noch ein

Hinweis für Sie: Schwätzen heißt nicht direkt, dass Ihr Unterricht schlecht oder langweilig ist. Trotzdem sollten Sie alles daran setzen, Ihre Stunden für die Schüler möglichst ansprechend, kurzweilig und aktivierend zu gestalten, um dem vorzubeugen.

# 3. Die Lehrerseite

## 3.1. BURN-OUT & CO.: DER EINFLUSS VON STÖRVERHALTEN AUF DIE EIGENE PSYCHE

Wenn wir über die Minimierung von Störverhalten im Unterricht sprechen, assoziieren die meisten damit als Hauptziel das Schaffen einer optimalen Lernumgebung, indem der Unterrichtsfluss möglichst nicht unterbrochen wird. Doch nicht nur auf der Unterrichtsebene ist ein proaktiver Umgang mit Störungen wünschenswert, sondern auch in Bezug auf Ihre mentale Gesundheit. Wie die deutschsprachige Forschung zur Lehrergesundheit, zum Burn-out und zu Belastungen im Berufsalltag aufzeigte, steht das Thema „Klassenführung" ganz oben auf der Liste der Gründe für Burn-out und Frühpensionierung (vgl. Helmke 2012, S. 174). Dabei stellt der Umgang mit störendem Schülerverhalten und Disziplinkonflikten die größte Belastung im Schulalltag eines Lehrers dar (vgl. Lohmann 2003, S. 14).

Am meisten wird unsere Psyche durch viele kleinere Störungen belastet, die in ihrer Summe ein unruhiges und geräuschvolles Unterrichtsklima entstehen lassen, in dem es schwerfällt, sich vernünftig zu konzentrieren. Eine solche Geräuschkulisse belastet die Lehrkraft in der Regel in ihrer Position stärker als die Schüler. Das hohe Stresslevel, das Ihnen diese Unterrichtsstörungen einbringen, könnte teilweise auf fehlendes Wissen im Bereich der Klassenführung zurückzuführen sein. Während des Lehramtsstudiums wird dieses Thema meistens nur kurz angeschnitten und nicht in seiner Tiefe behandelt. Und das, obwohl funktionierendes Klassenmanagement den Grundstein für erfolgreiches Unterrichten legt. Daher möchten wir in diesem Buch die Prinzipien der Klassenführung begreifbar darstellen und zusammenfassen. Mit Blick auf Ihre mentale Gesundheit sollten Sie darauf achten, dass Sie sich Ihren Unterricht möglichst leicht gestalten und alle Hebel, die Ihnen das Konzept der Klassenführung an die Hand gibt, in Bewegung zu setzen, um auf Störungen adäquat und am besten präventiv zu reagieren, um eben auch Ihre Psyche zu schonen. Laut der internationalen Forschung, dokumentiert durch Friedman (2006), sind die wichtigsten Gründe für Burn-out im Lehrerberuf mangelnder Respekt, unzureichende soziale Kompetenzen und fehlende Motivation oder gar Resignation seitens der Schüler, die auch alle eng mit dem Entstehen von Störungen zusammenhängen.

## 3.2. UNTERSCHIEDLICHE LEHRERTYPEN UND IHRE ERFOLGSREZEPTE

In einer breit angelegten Studie von Mayr aus Österreich wurden unterschiedliche pädagogische Handlungsstrategien von erfolgreichen Lehrern untersucht, welche sich dadurch auszeichnen, dass die Schüler in ihrem Unterricht besonders gut mitmachen und im Verhältnis wenig stören. Im Rahmen dieser Studie sammelten sich unzählige Ratschläge an, die zu drei Dimensionen disziplinbezogenen Handelns zusammengefasst wurden: das sozialpädagogische Handeln, bei dem die Förderung von Beziehungen im Vordergrund steht; das sachorientierte, korrekte Handeln bezüglich der Unterrichtsgestaltung und schließlich das disziplinierende Handeln, bei dem es sich vorwiegend um Verhaltenskontrolle dreht (vgl. Lohmann 2003, S. 30).

Im Anschluss wurde ermittelt, in welchem Maße die drei Dimensionen bei denjenigen Lehrkräften ausgeprägt sind, deren Unterricht als erfolgreich und mit wenigen Störungen eingestuft wurde. Dabei kristallisierten sich drei unterschiedliche Lehrertypen heraus, deren Schwerpunkte unterschiedlich gesetzt sind. Typ 1 ist der sogenannte „Sozialpädagoge", der seine Stärken auf der Beziehungs- und Persönlichkeitsebene liegen hat und sozialpädagogische Strategien einsetzte, bei denen den Schülern viel Handlungsspielraum offengelassen wird. Insgesamt setzt dieser Lehrertyp auf soziales Lernen und eine gesunde Klassengemeinschaft, in der disziplinrelevante Fragen mit allen Mitgliedern der Klasse diskutiert werden. Durch solch offene Kommunikation entwickelt sich mehr gegenseitiges

Verständnis zwischen der Lehrer- und der Schülerseite. Die sozialpädagogische Lehrerpersönlichkeit zeichnet sich außerdem durch ihren wert-
schätzenden Umgang mit allen Beteiligten, ihre
Ehrlichkeit, Selbstsicherheit, aber auch Selbstkri-
tik aus und möchte in ihrem Verhalten als Vorbild
für ihre Schüler fungieren. Sie identifiziert sich sowohl mit der Unterrichts- als auch der Erzie-
hungsaufgabe, handelt vorwiegend korrekt und
kommt ebenfalls mit ihrem Humor, Freundlich-
keit und Ausgeglichenheit gut bei der Schüler-
schaft an. (vgl. Lohmann 2003, S. 33 f.)

Der zweite Lehrertyp nennt sich „Fachmann"
und setzt seinen Fokus vorwiegend auf fachliches
Lernen und didaktisch-methodische Strategien. Er
verfügt entsprechend auch über die nötige fachli-
che Qualifikation und zeichnet sich außerdem
durch seine Verlässlichkeit und Zuversicht aus.
Der Unterricht des Fachmanns ist logisch und ge-
radlinig aufgebaut und formuliert klare Lernziele
und Aufgaben. Er kennt die Lebenswelt seiner
Schüler und orientiert sich thematisch in seinem
Unterricht an ihren Interessen, um größtmögliche
Motivation zu erzeugen. Im Unterricht des Fachmanns bleibt kaum Platz für Langeweile, indem er

für ständige Beschäftigung sorgt und eine fordernde Haltung in Bezug auf seine Leistungserwartungen einnimmt. (vgl. Lohmann 2003, S. 34)

Die dritte Lehrerpersönlichkeit ist der „Dompteur". Bei ihm stehen Disziplinierungsstrategien auf der Klassenführungsebene im Vordergrund, indem er beispielsweise auf Unterrichtsstörungen sofort reagiert und dabei behavioristische Ansätze verfolgt. Somit folgt auf jedes Verhalten eine Rückmeldung, sodass erwünschtes Verhalten der Schüler direkt verstärkt und unerwünschte Verhaltensweisen sanktioniert werden. Dazu werden feste Verhaltensregeln sowie entsprechende Konsequenzen für einen Verstoß eingeführt und für alle sichtbar im Klassenraum fixiert. Missachtet ein Schüler die gemeinsamen Regeln, appelliert der Dompteur gern an die Vernunft der Schüler und deren Gewissen. Er hat stets ein Auge auf das gesamte Klassengeschehen – möchte allgegenwärtig sein – und kooperiert gut und gern mit anderen Mitgliedern des Kollegiums sowie den Eltern seiner Schüler. (Lohmann 2003, S. 34)

Vielleicht haben Sie direkt eine Idee, zu welchem Lehrertyp Sie sich zählen. Reflektieren Sie Ihre Unterrichtsstrategien und ordnen Sie sich einem Typ zu. Wichtig dabei ist, dass sich in jeder der Lehrerpersönlichkeiten auch die Kompetenzen aus den Bereichen abseits des eigenen Typs vereinen. Jeder Lehrer ist in allen Bereichen qualifiziert, lediglich die Schwerpunkte sind unterschiedlich gesetzt.

Fragt man die Klassen, erhält man die Aussage, dass die ersten beiden Lehrertypen – der „Sozialpädagoge" und der „Fachmann" – am kompetentesten eingestuft werden, wenn es darum geht, Störverhalten aus dem Weg zu schaffen.

Sollten Sie sich am ehesten Typ 3, dem „Dompteur", zugehörig fühlen, sind Sie mit Ihren Ansätzen aber auch nicht auf dem Holzweg. Keiner der Lehrertypen ist besser oder schlechter, richtig oder falsch – es gibt einfach unterschiedliche Wege zum Ziel.

## 3.3. DER BEHAVIORISTISCHE ANSATZ

Im Rahmen erfolgreicher Klassenführung wird als Strategien des Behaviorismus, genauer des Operanten Konditionierens nach Skinner, zurückgegriffen, um das Verhalten der Schüler in die erwünsche Richtung zu lenken. Weidemann und Krapp (2014) beschreiben dieses Vorgehen als „eine Form des Lernens, bei der die positiven oder negativen Konsequenzen eines bestimmten Verhaltens die Auftretenswahrscheinlichkeit dieses Verhaltens erhöhen bzw. verringern".

Das geschieht, indem bereits vorhandenes erwünschtes Verhalten in Form positiv verstärkt wird, sodass dieses Verhalten mit etwas Gutem verknüpft wird und dadurch zunimmt. Es gibt soziale Verstärker in Form von Loben, zustimmend Nicken oder Lächeln; materielle Verstärker wie Aufkleber oder Süßigkeiten und Aktivitätsverstärker, beispielsweise ein Kinobesuch, das Hören eines Hörbuchs oder ein Spiel (vgl. Haag / Streber 2012, S. 65).

Spontan einsetzen lassen sich bei einzelnen Schülern am besten die sozialen Verstärker, welche sich problemlos und häufig auch nonverbal in das Klassengeschehen einbinden lassen, ohne den Unterrichtsfluss zu unterbrechen. Der Einsatz von Mimik und Sprache ist deshalb so wirksam, weil diese Form der Belohnung einerseits unterschwellig und für den Schüler meist nicht bewusst als solches wahrgenommen wird und andererseits wirklich direkt auf die Schülerhandlung folgt. An sozialen Verstärkern sollten Sie nicht sparen, diese aber auch nicht überstrapazieren. Finden Sie das richtige Maß für Ihre Klasse und sorgen Sie für eine positivere Grundstimmung und ein erfolgreiches Miteinander. Materielle Verstärker können auch relativ spontan eingesetzt werden, wenn Sie als Lehrer entsprechende Belohnungsgegenstände in Ihrem Klassenzimmer parat haben. Trotzdem fordert deren Einsatz im Unterricht meist eine Unterbrechung, in der der Verstärker dem jeweiligen Schüler oder mehreren überreicht wird. Mit solchen Belohnungen sollten Sie aber nicht übertreiben. Es ist ratsam, sie als etwas Besonderes zu etablieren, das Ihre Klasse anstrebt. Setzen Sie materielle Verstärker intelligent ein und achten Sie darauf, diese bei allen Schülern gleichermaßen einzusetzen. Erstellen Sie für sich bestimmte Richtlinien, nach denen solche Verstärker eingesetzt werden, und verteilen Sie diese nicht willkürlich.

Die aufwendigste Art der Belohnung ist die Verstärkung durch Ereignisse und Aktivitäten. Mit solchen lässt sich nicht spontan auf gutes Schülerverhalten reagieren und sie lassen sich nicht problemlos in den Unterrichtsverlauf einbinden. Aktivitätsverstärker erfordern eine gewisse Planung vonseiten der Lehrkraft, vor allem, wenn es um außerschulische Ereignisse geht. Diese Art der Belohnung richtet sich in der Regel an die ganze Klasse oder eine Gruppe an Schülern. Oft hilft es auch, ein solches Ereignis in Aussicht zu stellen und der Klasse gewisse Bedingungen zu nennen, unter denen dieses eintritt. Größere Aktivitätsverstärker wie ein Kinobesuch sollten aber als etwas wirklich Besonderes behandelt und daher nicht zu oft eingesetzt werden. Einfacher zu planende Ereignisse wie das Hören eines Hörbuchs oder ein Klassenspiel können dagegen häufiger in Bezug auf die ganze Klasse eingesetzt werden. Durch das gemeinschaftliche Erreichen solcher Ziele werden Anreize für Ihre Schüler geschaffen, die sie dazu bewegen, das erwünschte Verhalten beizubehalten und sich gegenseitig daran zu erinnern.

Als weitere behavioristische Strategie für die Zunahme erwünschten Schülerverhaltens werden negative Reize nach dessen Auftreten eingesetzt. Das kann beispielsweise der Verzicht auf die Vergabe von Hausaufgaben sein, der als

Belohnung für gutes Benehmen der Schüler folgt. Auch solche negativen Verstärker können dazu beitragen, dass die Klassengemeinschaft gestärkt wird, indem eine solche Belohnung der ganzen Klasse unter bestimmten Bedingungen in Aussicht gestellt wird. Jeder einzelne muss also mithelfen, das gemeinsame Ziel zu erreichen und ohne Hausaufgaben ins Wochenende gehen zu können.

Schauen wir uns nun an, wie man unerwünschtes Verhalten abbauen kann. Im Behaviorismus gibt es dafür zwei Arten der Bestrafung: die indirekte und die direkte. Bei einer indirekten Bestrafung wird ein positiver Reiz infolge von negativem Verhalten entfernt, was dazu führt, dass dieses Verhalten abnimmt (vgl. Haag / Streber 2012, S. 65). Im schulischen Kontext kann das bedeuten, dass dem Schüler bestimmte Privilegien oder Belohnungen entzogen werden, wie zum Beispiel der Gang in die Pause. Eine direkte Bestrafung folgt in Form eines negativen Reizes auf unerwünschtes Verhalten, um dieses zukünftig zu minimieren. Der Schüler wird also beispielsweise vom Lehrer geschimpft oder ihm wird eine Strafaufgabe auferlegt. Solche Strafreize können nur dann wirken, wenn sich das unerwünschte

Verhalten (noch) nicht besonders stabil manifestiert hat und die Motivation zur Ausführung nicht hoch ist. Die Bestrafung sollte außerdem möglichst sofort und besonders am Anfang konsequent dargeboten werden, um das Störverhalten nicht festigen zu lassen. Es ist außerdem sinnvoll, dem Schüler ein alternatives Verhalten anzubieten, das dann bei guter Ausführung wieder verstärkt werden kann. (vgl. Loicht 2016, S. 32)

Vorsicht! Der übermäßige Einsatz von aversiven Reizen im Unterricht kann auch den gegenteiligen Effekt erzielen und Gleichgültigkeit, Unaufmerksamkeit, Aggressivität oder Angst bei den Schülern schüren. Oberstes Ziel sollte für Sie aber sein, ein möglichst gutes und stabiles Verhältnis zu Ihrer Klasse aufzubauen. Setzen Sie solche Bestrafungen also gewissenhaft ein und wägen Sie vor allem die Verhältnismäßigkeit hinsichtlich des störenden Verhaltens ab.

## 3.2. WIE HILFREICH SIND STRA-FEN?

Sprechen wir nun darüber, wie hilfreich Strafen überhaupt sind. Bevor wir loslegen, gehen Sie kurz in sich und denken Sie an typische Bestrafungen, die Sie Ihren Schülern auferlegen.

Strafen sollten immer mit bestehenden Regeln begründet werden können. Dafür ist es Voraussetzung, dass alle Lehrkräfte einer Schule bestimmte Normen einheitlich teilen, wie zum Beispiel das Verbot von Drogen und Gewalt auf dem Schulgelände und im gesamten schulischen Kontext. Damit Sanktionen ihren Zweck erfüllen können, muss eine faire und einheitliche Behandlung aller im Hinblick auf die konsequente Umsetzung von festgelegten Strafen höchster Standard sein. Die Sanktion muss so gewählt werden, dass sie einen strafenden Charakter hat und gleichzeitig in einem ausgewogenen Verhältnis zum vorhergehenden Störverhalten steht. Dabei ist auch darauf zu achten, dass keine Verknüpfung mit dem Gefühl von Rache entsteht und stattdessen als Wiedergutmachung angesehen werden kann. (vgl. Lohmann 2003, S. 20)

Nach diesen Gesichtspunkten sollten Sie Strafen vergeben und entstandenes Fehlverhalten mit einer Aufgabe aufwiegen, die sich direkt aus der Störung ergibt und dafür sorgt, dass der Unterrichtsablauf dadurch verbessert wird. Hierfür eignet sich beispielhaft das Mitschreiben von Notizen oder das Vorbereiten eines Referats.

Mit dem direkten Reagieren auf das Verhalten der Schüler befinden wir uns hier im Bereich des Behaviorismus, der im nächsten Kapitel noch genauer beleuchtet wird. Insgesamt sind behavioristische Ansätze in der Klassenführung vonseiten der Forschung erwünscht. Eine Unterrichtsstörung, die zu einer Bestrafung führt, sollte den Unterrichtsfluss möglichst wenig stören und möglichst wenig Raum und Zeit in der Stunde in Anspruch nehmen.

Wichtig: Der Nutzen Ihrer Bestrafungen kann sehr schnell dadurch zunichtegemacht werden, dass Sie als Lehrkraft die gemeinsamen Klassenregeln selbst nicht befolgen. Gehen Sie also mit gutem Beispiel voran und verhalten Sie sich selbst genauso, wie Sie es von Ihren Schülern auch erwarten.

# 4. Erfolgreiches Klassenmanage-ment

Sehen wir uns nun an, wie erfolgreiches Klassenmanagement konkret funktionieren kann. Sie werden es kennen, Unterricht wird in pädagogischer Fachliteratur häufig sehr romantisiert dargestellt und entspricht nur selten der Realität. Lassen Sie sich nicht davon beirren, wenn Sie beim Lesen der folgenden Kapitel im ersten Moment einen unmöglich zu erreichenden

Zustand vorfinden. Bevor wir zum Praxisteil kommen, müssen Sie jedoch eine Idee davon bekommen, was Ihr Ziel sein könnte. Um präventiv und langfristig gegen Störungen vorzugehen, müssen Sie grundlegende Muster in Ihrem Unterricht verändern. Dafür betrachten wir das Konzept „Classroom Management" nach Evertson und Emmer, das Ihnen einen ganzheitlichen Ansatz aufzeigt und ein Wegweiser für Sie werden soll.

## 4.1. WAS BEDEUTET CLASSROOM MANAGEMENT?

In der Realität kennen Sie und ich die wahre Seite von Unterricht. Es passieren ständig unvorhergesehene Ereignisse, einzelne Schüler stören permanent und generell verläuft eine Stunde nie wie geplant. Anstatt sich auf jedes Individuum und dessen individuellen Lernstand konzentrieren zu können, sind Sie mehr damit beschäftigt, den Lehrplan durchzubekommen, und sitzen sowieso schon an vielen Tagen bis abends an Ihren Vorbereitungen. Umso wichtiger ist es, dass Sie sich Ihre Arbeit so leicht wie möglich machen und damit meine ich nicht, dass Sie Ihren Aufwand herunterschrauben sollen. Es geht vielmehr um die Effizienz Ihres Arbeitens. Gute Klassenführung bedingt erfolgreiches Unterrichten und andersherum. Je motivierender Ihr Unterricht gestaltet ist – und dabei geht es nicht nur um die Auswahl der zu behandelnden Themen, sondern ebenfalls um das richtige Leistungsniveau und den Einbezug Ihrer Schüler – desto weniger Konflikte werden Sie in Ihrem Unterricht erleben. In die andere Richtung verhält es sich übrigens genauso: In einer effizient geführten Klasse fällt das Unterrichten deutlich leichter. Sobald Sie sich darauf verlassen können, dass Ihre Klassendynamik funktioniert, können Sie tatsächliche Unterrichtszeit besser planen. Dadurch verbessert sich automatisch die Qualität Ihres Unterrichts und Sie können sich tatsächlich mit den geplanten Unterrichtsthemen auseinandersetzen, weil der Rest von selbst läuft. Das kann gelingen, indem Sie die vorhandene Zeit effizient nutzen und Ihre fachlichen, didaktischen und methodischen Kompetenzen als Lehrperson klug einsetzen.

Erfolgreiche Klassenführung funktioniert aber nur, wenn das Klima innerhalb der Klasse lernförderlich ist, also ein respektvoller Umgang untereinander vorherrscht. Das gilt im Übrigen auch für Sie als Lehrer. Entsprechend der Floskel „Wie es in den Wald hineinruft, so ruft es auch wieder hinaus" sollten Sie sich in Ihrer Klasse verhalten, um zu einer guten Lernumgebung beizutragen. Natürlich ist das in der Praxis nicht immer umsetzbar. Jeder hat mal einen schlechten Tag und manchmal platzt einem einfach der Kragen. Es geht eher darum, dass Sie eine Basis schaffen, in der ein wertschätzender Umgang miteinander selbstverständlich wird. Dabei verhält es sich wie in jeder funktionierenden Beziehung: Communication is the key! Sprechen Sie also möglichst offen mit Ihren Schülern und signalisieren Sie ihnen, dass Sie sie respektieren, so wie Sie den gleichen Respekt gegenüber Ihnen erwarten.

## 4.2. DER ANSATZ VON KOUNIN

Kounin ist einer der großen Namen auf dem Gebiet des Classroom Managements und stützt seine Inhalte auf ausgiebige empirische Forschung. Daraus leitete er einige Prinzipien ab, die dabei helfen können, Störungen effektiv vorzubeugen.

Als erstes Prinzip nennt Kounin die

Allgegenwärtigkeit der Lehrkraft. Sie sollten Ihre Augen und Ohren überall haben, indem Sie möglichst keine Störung übersehen oder dulden, sodass Ihre Schüler das Gefühl bekommen, Sie würden alles mitbekommen. Dieser Aspekt hat einen maßgeblichen Einfluss darauf, wie groß die Lernerfolge in Ihrer Klasse werden.

In Ihrer Rolle als Lehrer ist es außerdem wichtig, dass Sie verschiedene Vorgänge gleichzeitig in Bewegung setzen können. Sie sollten mehrere Probleme gleichzeitig behandeln und auf die jeweiligen Bedürfnisse eingehen können. Dabei helfen eingespielte Routinen und klar verteilte Aufgaben innerhalb der Klasse, die allen Schülern bekannt sind. Wenn gewissermaßen alles außen herum „von selbst läuft", können Sie sich intensiver auf die Klasse und die Unterrichtsinhalte konzentrieren, während ein Schüler beispielsweise Arbeitsblätter austeilt oder der Mediendienst den Beamer zum Laufen bringt.

Sie merken schon, es ist höchstes Ziel, den Unterrichtsfluss nicht zu stören. Das beschreibt Kounin sehr ausdrücklich in seinem Aspekt „Reibungslosigkeit und Schwung". Unterbrechungen können vermieden werden, indem Sie ein optimales Zusammenspiel aus Unterrichtsplanung und der Balance aus Ruhe und Motivation kreieren. Bereiten Sie sich ausreichend auf Ihre Stunden vor und vermeiden Sie das Ablesen des Stoffs oder ausschweifende Monologe zum Thema. Damit erzeugen Sie früher oder später Langeweile bei Ihren Schülern, die wiederum Störungen zur Folge haben. Gehen Sie auch nicht auf jedes kleinste Störverhalten ein. Viele Lehrer tendieren dazu, ihren Unterrichtsfluss immer wieder durch winzige Vorfälle zu durchbrechen und thematisieren dieses unverhältnismäßig lang, sodass dadurch viel Unterrichtszeit verloren wird. Versuchen Sie stattdessen, Ihren Unterricht interessant, abwechslungsreich und aktivierend zu gestalten, und wägen Sie bei aufkommenden Störungen ab, ob sie dramatisch genug ist, um sie zu thematisieren.

Um Ihren Unterricht ansprechend und strukturiert zu halten, achten Sie auf einen roten Faden, der sich durch die gesamte Stunde zieht. Bleiben Sie bei einem Thema, arbeiten Sie nicht sprunghaft, sondern bereiten Sie den Stoff fragend-entwickelnd auf.

Dabei sollten Sie immer die ganze Klasse im

Blick haben, selbst wenn Sie sich gerade nur mit einem Schüler beschäftigen. Unter dem Aspekt „Gruppenaktivierung" erklärt Kounin, dass das Störungspotenzial unter anderem dadurch vermindert wird, dass auch die anderen Schüler stets in den Unterricht eingebunden sind. Vermeiden Sie Langeweile und unnötige Wartezeiten und geben Sie dem Rest der Klasse eine Aufgabe, die sie selbstständig bearbeiten kann.

Mit dem Punkt „Übergangsmanagement" schreibt Kounin, dass die Übergänge zwischen zwei Unterrichtsstunden oder -phasen klargemacht, aber auch knapp gehalten werden sollten. Es geht wieder darum, jeglichen Zeitverlust zu vermeiden und die Schüler trotzdem bei der Sache zu halten. Als Trennung der Themen eignen sich eingeführte Rituale wie eine kleine Gymnastikeinheit oder Entspannungsübungen. Lassen Sie sich nicht davon abschrecken, wenn Ihre Schüler sich zuerst darüber lustig machen. Nach einiger Zeit werden Sie sich daran gewöhnen und glauben Sie mir, wenn ich sage, dass solche kleinen Pausen Ihre Klasse bei Laune halten.

Als letzten Punkt nennt Kounin die Vermeidung vorgetäuschter Teilnahme. Haben Sie ein

Auge darauf, dass Ihre Schüler mental bei der Sache sind, und leiten Sie in diesem Fall entsprechende Maßnahmen ein, um die Aufmerksamkeit wiederzugewinnen. (vgl. Helmke 2012, S. 178 f.)

## 4.3. WARUM ROUTINEN, REGELN UND RITUALE WUNDER BEWIRKEN KÖNNEN

Wie bereits angesprochen, sind feste Regeln, Routinen und Rituale für ein erfolgreiches Klassenmanagement essenziell.

Routinen sind klare Verhaltensmuster für bestimmte Situationen, die sich im Unterrichtsalltag wiederholen. Unterfüttert werden diese durch Signale, Symbole oder Gesten, um möglichst nonverbal zu kommunizieren und dadurch unnötige Störungen zu vermeiden. Es lässt sich zwischen Verwaltungsroutinen, zum Beispiel die Anwesenheitspflicht während der Unterrichtszeit; Mobilitätsroutinen, die regeln, wie und wann das Klassenzimmer verlassen werden darf; Routinen für Anfang und Ende einer Stunde; Routinen für die Lehrer-Schüler-Interaktion und schließlich Routinen für die Kommunikation zwischen den

Schülern unterscheiden. Wichtig ist, dass diese an die jeweilige Klasse individuell angepasst werden.

Klassenregeln zeigen das Standardverhalten an, das allgemein erwartet wird, und haben als oberstes Ziel das Schaffen einer optimalen Lernatmosphäre. Diese sollten unbedingt mit allen Schülern der Klasse gemeinsam aufgestellt werden (am besten zu Beginn des Schuljahres) und sich auf sichtbares Verhalten beziehen. Entsprechend müssen diese auch klar formuliert sein. Vermeiden Sie Regeln, die sich auf moralisches Verhalten beziehen, zum Beispiel Höflichkeit oder Respekt, denn diese lassen zu viel Interpretationsspielraum zu und münden schnell in Diskussionen (vgl. Canter 2003, S. 11). Achten Sie also darauf, die Regeln unmissverständlich, knapp und leicht einprägsam zu halten. Stellen Sie zwischen drei und sechs Regeln auf, damit Ihre Schüler sich diese merken können.

Unter Ritualen versteht man nach Meyer (2004, S. 37) „gleichförmige, zeremonielle Handlungen, die durch ihre regelmäßige Wiederholung eine vom Lehrer und von den Schülern geteilte symbolische Bedeutung erhalten haben". Dazu zählen regelmäßige Abläufe für den Einstieg einer

Stunde wie ein täglicher Morgen- oder Erzähl-
kreis, aber auch regelmäßige Stillephasen oder ein
gemeinsames Klassenlied. Bei adäquater Durch-
führung wirken sich solche regelmäßigen Handlungen positiv auf das Unterrichtsklima aus,
schaffen ein Gefühl von Sicherheit und fördern
das Wir-Gefühl in einer Klasse. Rituale tragen zu
mehr Selbstständigkeit und Eigenverantwortung
aufseiten der Schüler bei und entlasten dadurch
den Lehrer.

Sowohl Regeln als auch Rituale müssen Schritt für
Schritt, mehrfach und regelmäßig eingeübt werden, um ihre Funktion als Struktur- und Ord-
nungsbringer zu erfüllen. Im Endeffekt wollen Rituale, Regeln und Routinen alle das Gleiche und
fließen ineinander über. Am Ende geht es darum,
ein lernförderliches Klima zu schaffen und auf-
rechtzuerhalten und den Schulalltag zu strukturie-
ren.

## 4.4. WAS IST EIN DISZIPLIN-PLAN?

Haben Sie schon einmal etwas von einem Disziplinplan gehört? Zugegeben, die Bezeichnung ist etwas irreführend und klingt, als würde es sich um eine Erziehungsmaßnahme aus dem letzten Jahrhundert handeln. Tatsächlich geht es bei einem Disziplinplan aber um klare Kommunikation. Die Lehrkraft erklärt, meist in Form von Regeln, welches Verhalten sie von den Schülern erwartet, und legt andersherum ebenfalls dar, welche Konsequenzen bei Nichtbefolgen dieser folgen. Ziel ist es, einen gerechten Weg zu finden, um ein sicherheitsschaffendes, ordentliches und positives Klassenklima zu erreichen, in dem unterrichtet und gelernt werden kann (vgl. Canter 2002, S. 15). Ein klassischer Disziplinplan besteht aus drei Teilen, nämlich Klassenregeln, unterstützendem Feedback (wenn sich die Schüler an die Regeln halten) und korrigierendem Einschreiten (wenn die Regeln missachtet werden).

Über Regeln haben wir bereits gesprochen und Belohnungen haben wir bereits gesprochen, doch was ist mit korrigierendem Einschreiten gemeint?

Für einen Disziplinplan müssen Sie als Lehrer eine Staffelung von Konsequenzen aufstellen, die auf Regelverstöße folgen sollen. Das kann dann so aussehen, dass auf einen ersten Regelbruch eine Erinnerung folgt, der betreffende Schüler bei einer zweiten Störung im Klassenraum umgesetzt wird usw., bis beispielsweise am Ende der Reihe ein Gespräch mit dem Schulleiter ansteht.

Die Einführung eines Disziplinplans ist besonders in schwierigen Klassen deshalb sinnvoll, weil es dabei hilft, das Verhalten der Schüler besser zu steuern. Sie sollten vorbereitet darauf sein, wie Sie bei sich häufenden Störungen reagieren und wann welche Konsequenzen folgen. Mit einem Disziplinplan haben sowohl Sie eine Richtlinie für Ihr Handeln als auch Ihre Schüler eine genaue Vorstellung davon, was Sie bei Regelbrüchen erwarten müssen. Damit wird Selbstdisziplin eingeübt und die Tendenz zu guten Entscheidungen bezüglich des Verhaltens aufseiten des Schülers erzeugt. Ein Disziplinplan vermindert also den Stress für alle Beteiligten und schützt dabei noch die Rechte der Schüler. Er hilft nämlich auch Ihnen dabei, fair zu bleiben und allen die gleichen Strafen bei gleichen Störungen aufzuerlegen. Solch ein Plan nimmt viel Konfliktpotenzial aus dem Unterricht und sorgt für zuverlässige Sicherheit im Klassenraum, indem schlechtes Benehmen reduziert und ein besseres Klima erzeugt wird.

Es ist auch immer sinnvoll, die Eltern der Schüler einzubeziehen, um diesen zu zeigen, dass Wert darauf gelegt wird, dass ihre Kinder negative Entscheidungen vermeiden. Gleichzeitig kann es sehr wirksam sein, auch außerhalb des Klassenzimmers die Konsequenzen für gutes oder schlechtes Benehmen zu erfahren. Genauso ist es von Vorteil, die Schulleitung einzuweihen, besonders, wenn diese Teil Ihres Disziplinplans ist. (vgl. Canter 2002, S. 6–8)

In jedem Fall erfordert ein Disziplinplan und dessen Einführung in einer Klasse ausreichende Vorbereitung. Hilfe zur Aufstellung finden Sie im Praxisteil dieses Buches.

# 5. Praxistipps für erfolgreiche Klassenführung

## 5.1. URSACHENFORSCHUNG: WARUM ENTSTEHEN IN IHRER KLASSE STÖRUNGEN?

Bevor Sie die Probleme in Ihrer Klasse wirklich anpacken können, müssen Sie zuerst deren Ursachen ergründen. Hierfür können Sie den „Leitfaden zur Stördiagnose" von Keller (2008, S. 34) nutzen:

Beschreiben Sie das störende Verhalten.

Für wie schwerwiegend halten Sie die Störungen?

Gibt es bestimmte Unterrichtsstunden, in denen die Störungen stärker sind?

Zu welchem Zeitpunkt in der Stunde stört der Schüler?

Wie reagiert der Rest der Klasse auf Störungen?

Können Sie sich die Störungsursache erklären?

Warum könnte der Schüler stören?

Wann ist das Störverhalten weniger problematisch?

Welche Strategien haben Sie bereits eingesetzt, um das Störverhalten zu unterbinden?

Wie könnten Sie die Wirksamkeit erhöhen?


Machen Sie sich zu jeder der Fragen Notizen.

Haben Sie eine Erklärung für die Störungen in Ihrer Klasse gefunden, die Ihnen plausibel erscheint?


Gehen Sie in sich und überlegen Sie, wo Sie ansetzen müssen, um das Problem beheben zu können:

Im Verhalten einzelner Schüler oder einer Schülergruppe?

Im Klassenraum?

In Ihrem eignen Verhalten?

Oder auf einer höheren Ebene, wie der Zusammenarbeit mit Ihren Kollegen oder den Eltern?

## 5.2. UNGEEIGNETE KLASSENFÜHRUNG: WAS KÖNNEN SIE VERBESSERN?

Wir wollen uns ein Beispiel ansehen:

Ein Lehrer fühlt sich gestört von einem schwätzenden Schüler. Auch nach mehrfachem Ermahnen schwätzt er weiter, sodass ihn der Lehrer zu einem Stundenprotokoll verdonnert. Der Schüler entgegnet, die Stunde sei sowieso bald vorbei und ein Stundenprotokoll würde sich nicht mehr lohnen. Eine Diskussion zwischen Schüler und Lehrer entfacht. Der Rest der Klasse folgt dem Spektakel zuerst gespannt, beginnt aber bald, sich anderweitig zu beschäftigen und Privatgespräche zu führen.

Erkennen Sie Dynamiken in Ihrer Klasse, die diesen ähnlich sind?

Verschwenden Sie durch Disziplinkonflikte wertvolle Lernzeit?

Der Lehrer aus unserem Beispiel hat sich einzig und allein darauf fokussiert, das Verhalten des störenden Schülers zu verändern. Wo hätte er noch ansetzen können?

### 5.2.1. Verändern der Lernumgebung

Grundsätzlich sollte Ihr Klassenraum so aufgebaut sein, dass er für alle Unterrichtssituationen geeignet ist. Zum einen ist es natürlich eine wichtige Grundlage, dass alle Ihre Schüler die Orte des Geschehens, also den Tafelbereich, gut sehen können. Andersherum müssen Sie als Lehrkraft die gesamte Klasse stets gut im Blick haben können, um etwaige Situationen mitzubekommen. Außerdem sollten solche Bereiche im Klassenzimmer, an denen besonders viel los ist (Tür, Pult, Computer), so aufgeteilt sein, dass diese für alle Schüler zugänglich sind. Genauso verhält es sich bei Lernmaterial für die Einzelarbeit. Stillarbeit, wie sie auch genannt wird, kann nur dann tatsächlich in Ruhe stattfinden, wenn sich Ihre Schüler alle Informationen, die sie brauchen, selbstständig im Klassenraum zusammensuchen können.

Sie haben jedoch immer die Möglichkeit, die Lernumgebung entsprechend der Situation zu verändern. Das beginnt bei Kleinigkeiten, wie dem Schließen der Fenster bei Lärm oder dem Herunterlassen der Rollos bei visueller Ablenkung von draußen. Einzelne Schüler können innerhalb des Klassenraums temporär, also vielleicht nur für eine Gruppenarbeit, oder auch dauerhaft umgesetzt werden.

Aber auch unauffälligere Strategien können einen großen Effekt erzielen. Der Low-Profile-Ansatz zum Beispiel verfolgt das Ziel, auf Störungen zu reagieren, ohne den Unterrichtsfluss zu unterbrechen und die Lernatmosphäre zu zerstören. Dieser Ansatz zeigte sich als erfolgreich und hilft dabei, frühzeitig deeskalierend einzugreifen (vgl. Helmke 2012, S. 187). Dabei geht es um die Bekämpfung von kleineren Störungen, die an sich nicht wahnsinnig dramatisch sind, aber insgesamt trotzdem stören und für Unruhe sorgen. Sollten Ihre Schüler beispielsweise während des Unterrichts lachen, schwätzen, träumen, Haare machen, ihr Smartphone benutzen, zeichnen, summen oder in irgendeiner Weise nicht Ihre Anweisungen befolgen, gilt es, die Situation erst einmal weiter zu beobachten und die Quelle der Unruhe zu fokussieren.

Versuchen Sie im zweiten Schritt, die Aufmerksamkeit der betreffenden Schüler – möglichst nonverbal – zurückzugewinnen. Dabei können Sie damit beginnen, sich im Klassenraum zu bewegen und die Nähe zu den störenden Schülern zu suchen, um Ihre Allgegenwärtig zu signalisieren. Auch das Suchen von Blickkontakt, der Einsatz von Gestik und Mimik, ein kurzes Kopfschütteln oder Augenbrauen-Heben kann große Wirkung zeigen und die Störung gewissermaßen „im Vorbeigehen" beheben.

Bei weiterer Störung kann es helfen, wenn Sie etwas Unvorhergesehenes tun oder sagen, um alle Augen wieder auf sich zu richten und dabei den Unterricht weiterzuführen. Auch „Name dropping" ist eine beliebte Variante, bei der der Lehrer den Namen des Störenfriedes in seinen Monolog einbaut, sodass dieser kurz aufschreckt und sich Ihnen zuwendet. Sollten diese Ansätze das Störungsverhalten nicht stoppen, müssen Sie zwangsläufig den Unterrichtsfluss unterbrechen und verbal intervenieren.

Sie sehen, es gibt einige Möglichkeiten, auf die Sie zurückgreifen können, bevor Sie verbal eingreifen und damit Ihren Unterrichtsverlauf stören müssen.

## 5.2.2. Verändern der Lehrerpersönlichkeit

Natürlich können Sie Ihre Lehrerpersönlichkeit nicht einfach verändern und das sollen Sie auch gar nicht. Trotzdem ist es wichtig, dass auch Sie als Lehrkraft sich in Ihrem Verhalten reflektieren, sich Fehler eingestehen und bereit sind, daran zu arbeiten.

Die drei Lehrertypen haben Sie bereits kennengelernt.

Sehen Sie sich eher als Sozialpädagoge, als Fachmann oder Dompteur?

Wo sehen Sie Ihre Stärken im Unterricht?

An welchem der drei Bereiche fehlt es Ihnen am meisten?

Wie können Sie sich mehr Eigenschaften von diesem Lehrertyp aneignen?

Wie bereits ausgeführt, ist eine gute Bindung zu Ihrer Klasse ein wertvoller Grundstein für erfolgreiches Klassenmanagement. Doch wie stellen sich Schüler einen guten Lehrer vor?

Schüler wünschen sich einen Lehrer, der eine

gute Beziehung zu seiner Klasse herstellt. Er sollte dabei die richtige Balance aus hoher Leistungserwartung und fürsorglicher Unterstützung finden und Autorität zeigen können, ohne dabei zu drohen oder Strafen zu vergeben. Dabei spielen klare Regeln eine große Rolle, da sie für Sicherheit und Disziplin im Klassenzimmer sorgen. Außerdem wünschen sich Schüler einen Unterricht, in dem Lernen Spaß macht, jeder mitreden darf und offene Unterrichtsmethoden praktiziert werden (vgl. Haag / Streber 2012, S. 88).

## 5.3. DEESKALIERENDE STRATEGIEN

Zu einer guten Beziehung zu Ihren Schülern gehört auch, dass Sie respektvoll mit ihnen umgehen und lautes Schimpfen oder gar Anschreien vermeiden. Dazu ist es wichtig, seine Emotionen in den Griff zu bekommen und sich nicht provozieren zu lassen. Um überhaupt einer solchen Situation vorzubeugen, sollten Sie frühzeitig eingreifen, sobald sich ein Störungsherd bildet und es im Klassenraum unruhig wird. Versuchen Sie, direkt zu intervenieren und zu deeskalieren. Achten Sie auch darauf, nicht in Moralpredigten abzuschweifen, und lassen Sie Schüleräußerungen nicht persönlich an sich heran. Bleiben Sie stattdessen cool und verwenden Sie Ich-Botschaften, anstatt die Schüler verbal anzugreifen.

### 5.3.1. Stopp-Techniken

Leicht gesagt, denken Sie sich jetzt wahrscheinlich. Doch wie soll man cool bleiben, wenn einen die Klasse zur Weißglut treibt? Es gibt einige Strategien, die Ihnen dabei helfen können, einen kühlen Kopf zu bewahren. Sie können beispielsweise Stopp-Techniken anwenden, indem Sie ein paar tiefe Atemzüge nehmen und kurz in sich gehen, eventuell auch das Fenster öffnen, um frische Luft in den Raum zu lassen, oder ganz einfach in Ihrem Kopf bis drei zu zählen. Verschaffen Sie Ihrem Kopf eine kleine Verschnaufpause und Sie werden bemerken, dass das Wunder bewirken kann. Besonders gut kommen Sie in Disziplinkonflikten an, wenn Sie Ihren Schülern auf lockere, schlagfertige Weise entgegentreten, anstatt gemein und unfair zu werden. Gehen Sie möglichst auf die Gefühle Ihres Schülers ein und versuchen Sie, sein Problem zu verstehen. Manchmal kann es auch helfen, wenn Sie das Problem auf später verschieben und Zeit schaffen, um die Gemüter abkühlen zu lassen. Vereinbaren Sie beispielsweise ein Gespräch mit dem betreffenden Schüler im Anschluss an die Stunde. Das verschafft Ihnen außerdem zusätzliche Bedenkzeit, wie Sie mit ihm weiter verfahren möchten.

Sollten Sie dazu tendieren, in emotional aufgeladenen oder provozierenden Situationen ausfallend zu werden, könnte Ihnen folgende Übung helfen:

Notieren Sie einige Aussagen, die Sie Ihren Schülern gegenüber geäußert haben.
Überprüfen Sie, ob Sie in Ich-Botschaften oder Du-Botschaften gesprochen haben.
Wanden Sie nun alle Du-Botschaften in Ich-Botschaften um. Erklären Sie in der neuen Äußerung Ihre Situation und drücken Sie Ihre Gefühle bezüglich des störenden Verhaltens klar aus.

Beispiel:
Du-Botschaft: *„Du bist unhöflich und respektlos!"*
Ich-Botschaft: *„Wenn du mich ständig unterbrichst, muss ich andauernd von vorn anfangen und*

*das verärgert mich."*

### 5.3.2. Systemische Techniken:

Vielleicht sind Sie mittlerweile schon so verärgert von Ihren Schülern, dass Sie direkt an die Decke gehen, sobald unerwünschtes Verhalten auftritt. Möglicherweise ist die Sichtweise auf Ihre Klasse schon so negativ eingebrannt, dass Sie sich schwertun, solche Situationen nicht persönlich zu nehmen. Sollte es Ihnen so gehen, ist es wichtig, etwas daran zu ändern. Sie müssen sich von unnötigem Stress befreien und vor allem auch auf Ihre psychische Gesundheit achten.

Eine Strategie, die Sie in sich verankern sollten, ist die der Umdeutung von Schülerverhalten durch systemische Techniken. Sie neigen vermutlich dazu, jede kleinste Schülerhandlung direkt negativ zu konnotieren und diese festgefahrene Sicht sollten Sie lockern. Deuten Sie also bestimmte Situationen positiv um, indem Sie es zum Beispiel als lebhaftes Interesse interpretieren, wenn ein Schüler im Unterricht hineinruft. Denken Sie dabei gern an den Spruch vom halb vollen und dem halb leeren Glas und beginnen Sie, kleine störende Situationen halb voll zu sehen, denn damit tun Sie nicht nur Ihren Schülern einen Gefallen, sondern vor allem sich selbst. Versetzen Sie sich in den Störenfried hinein, lernen Sie, ihn zu verstehen, und suchen Sie nach der Ursache für sein Verhalten. Mögliche Hinweise wurden Ihnen in diesem Buch bereits vorgestellt. Sie können eine Unterrichtsstörung auch so uminterpretieren, dass Sie sie als Rückmeldung an sich verstehen. Es könnte zum Beispiel ein Hinweis an Sie sein, dass Ihr Monolog schon zu lange andauert und Sie dringend eine neue Methode beginnen sollten. Oder Sie erhalten dadurch das Signal, dass die Sitzordnung der Klasse noch nicht optimal ist. Betrachten Sie die Situation und versuchen Sie, etwas Gutes daraus zu schöpfen. Lernen Sie, den Unterrichts als Ganzes wahrzunehmen und sich nicht ausschließlich auf die Störungen zu konzentrieren.

## 5.4. WIE STELLE ICH DIE RICHTIGEN REGELN AUF?

Feste Klassenregeln sind für eine gute Klassenführung unabdinglich. Doch am Anfang des Schuljahres ein Plakat mit Anweisungen mitzubringen und dieses den Schülern vor die Nase zu setzen, reicht da nicht. Es ist wichtig, die ganze Klasse bei der Aufstellung teilhaben zu lassen, indem man beispielsweise allgemein über den Sinn von Regeln spricht und im Anschluss Anregungen sammelt, welches Verhalten im Unterricht besonders störend ist. Die Klassenregeln sollten gemeinsam aufstellt werden und auch bei der Formulierung sollten Sie Ihre Schüler mitbestimmen lassen, um das Gefühl einer Mitverantwortung bei den Schülern zu erzeugen. So sind es nicht die Regeln der Lehrkraft, die befolgt werden sollen, sondern die, auf die sich alle gemeinschaftlich geeinigt haben. Zur weiteren Verdeutlichung dieser Beschlüsse und um dafür zu sorgen, dass sich alle mitverantwortlich fühlen, bietet es sich an, eine Art Klassenvertrag aufzusetzen und diesen von allen unterschreiben zu lassen. Binden Sie diesen Prozess gern in ein Unterrichtsthema, wie Verträge oder allgemein den Sinn von Regeln, beispielsweise im Verkehr.

Am wirksamsten sind Regeln, wenn sie von Anfang an kommuniziert werden und auch die Folgen im Fall eines Regelverstoßes bekannt sind (Helmke 2012, S. 179). Daher ist es von Vorteil, wenn Sie die Klassenregeln direkt zu Beginn eines

Schuljahres einführen und bereits einen Disziplin-plan oder eine Eskalationsleiter parat haben.

Falls Sie zum jetzigen Zeitpunkt mitten im Schuljahr stehen und bisher keine festen Regeln kommuniziert haben, fangen Sie jetzt damit an. Es ist nie zu spät, um mehr Ordnung und Struktur in seinen Unterricht zu bringen.

Sollten Sie bereits Klassenregeln etabliert haben, reflektieren Sie diese hinsichtlich der vor-kommenden Unterrichtsstörungen in Ihrer Klasse. Gibt es Verhaltensbereiche in Ihrer Klasse, bei de-nen die genauen Regelungen bisher nicht erwähnt wurden? Es ist nie zu spät, die Regeln oder Ihren Konsequenzplan nachzujustieren.

Canter (2002, S. 9) schlägt folgende Regeln für den Unterricht vor:

Befolge die Regeln

Behalte deine Hände bei dir

Verlasse das Klassenzimmer nicht ohne Erlaubnis

Kein Schwätzen, Rufen oder Ärgern

Sitze auf deinem Platz, wenn die Glocke läutet

Unterbrich niemanden, der gerade spricht

Bitte übernehmen Sie dieses Regelwerk von

Canter nicht eins zu eins für Ihre Klasse. Sie können sich daran orientieren, müssen aber immer Ihre eigene Klasse und deren Bedürfnisse vor Augen haben.

Vieles von dem, was für Regeln gilt, lässt sich auch auf Routinen übertragen. Hier kann es jedoch von Vorteil sein, diese schrittweise einzuführen, um Ihre Schüler nicht zu überfordern. Marzano zeigt mögliche Routinen, die eine nonverbale Kommunikation zwischen Lehrer und Schülern ermöglichen können (vgl. Helmke 2012, S. 181). Dazu gehört das Heben der Hände zu Beginn des Unterrichts, um anzuzeigen, dass es Zeit ist, leise zu sein. Vielerorts ist auch der sogenannte Schweigefuchs, eine bestimmte Haltung der Hand, die einem Fuchskopf ähnelt, bekannt. Wird dieses Signal gegeben, sollen alle Schüler nach und nach aufhören zu reden, ihren Blick nach vorn richten und ebenfalls die Hand heben. Weiterhin schlägt Marzano vor, die Hände auf die Ohren zu legen, um zu zeigen, dass der Geräuschpegel im Klassenraum zu hoch ist, um sich zu konzentrieren. Schüler tendieren bekanntermaßen gern dazu, sich gegenseitig darauf hinzuweisen, ruhig zu sein, was den Effekt hat, dass sich die Lautstärke im Raum meistens noch erhöht. Hier kann die Einführung dieser Routine helfen, um sich diese Information auch nonverbal geben zu können. Als letzte Idee nennt Marzano das Hochheben eines Buches oder Stifts, um dem Lehrer anzuzeigen, dass der Schüler eine Frage hat oder Hilfe benötigt. Solche Routinen eignen sich besonders gut für Einzelarbeiten oder Partnerarbeiten.

Vielleicht wurden Sie ja durch Marzanos Ideen inspiriert, ähnliche Routinen in Ihren Unterricht aufzunehmen.

## 5.5. STÖRUNGEN BEKÄMPFEN

Einen störungsfreien Unterricht wird es nie geben, so viel ist klar. Sie sollten sich also auf Schülerstörungen einstellen und vorbereiten.

Im Folgenden werden Ihnen Interventionsmöglichkeiten vorgestellt, die bei Störungsverhalten eingesetzt werden können.

Markieren Sie diejenigen, die sich für Ihre Klasse und Ihre Lehrerpersönlichkeit eignen könnten. Behalten Sie dabei die Hauptursachen für Störungen in Ihrer Klasse im Auge.

O Der Lehrer reagiert nonverbal auf die Störung

O Der Lehrer reagiert verbal auf die Störung

O Der Lehrer weist den Schüler auf die Klassenregeln hin

O Der Lehrer setzt den störenden Schüler an einen anderen Platz

O Der Lehrer entzieht dem Schüler ein Privileg

O Der Lehrer sammelt ablenkende Gegenstände ein

O Der Lehrer ordnet ein Stundenprotokoll an

O Der Lehrer führt ein Gespräch mit den Eltern

O Der Lehrer führt ein Konfliktgespräch mit dem betreffenden Schüler, den Eltern und der Klasse

O Der Lehrer bespricht den Konflikt in einer Klassenkonferenz

O Der Lehrer schickt den Schüler zur Schulleitung

O Der Lehrer ordnet dem störenden Schüler eine Auszeit an

O Der Lehrer greift auf außerschulische Hilfe zurück

Fallen Ihnen noch mehr Interventionsvarianten ein, die sich für Ihre Klassensituation eignen könnten?

Stellen Sie nun aus den gewählten Interventionen

eine Eskalationsleiter oder einen Disziplinplan für Ihre Klasse auf. Welche Konsequenzen sollen von der ersten bis zur letzten Störung für Ihre Schüler gelten?

Sie allein entscheiden, wie lange Ihre Leiter gehen soll und welche Konsequenzen Sie wann anordnen. Achten Sie aber darauf, dass die Verhältnismäßigkeit in Bezug auf die Störungen und den Fortlauf des Unterrichts ausgewogen ist!

1. Störung:
2. Störung:
3. Störung:
4. Störung:
5. Störung:
6. Störung:
7. Störung:

Wenn Sie eine Eskalationsleiter aufgestellt haben, mit der Sie zufrieden sind und die Sie in Ihrer Klasse etablieren möchten, denken Sie daran, Ihren Schülern diese offen darzulegen. Nur mit offener Kommunikation kann es gelingen, dass sich Ihre Klasse fair behandelt fühlt, indem sie genau weiß, was sie wann erwartet.

# 6. Machen Sie sich auf den Weg zu erfolgreicher Klassenführung

Sie haben in diesem Buch viele praktische Tipps für den Umgang mit störenden Schülern und für ein erfolgreiches Klassenmanagement an die Hand bekommen. Bitte begehen Sie nicht den Fehler, sich dabei selbst zu vergessen. Ohne Sie würde der Unterricht gar nicht funktionieren. Kümmern Sie sich also um Ihre mentale Gesundheit, ergreifen Sie Maßnahmen, falls Sie ernsthafte psychische Probleme durch Ihren Beruf bekommen haben, und nehmen Sie die deeskalierenden Strategien ernst, die Ihnen im Praxisteil dieses Buches beigebracht wurden.

Wenn Sie dieses Buch durchgearbeitet haben, steht einer positiven Veränderung in Ihrem Unterricht nichts mehr im Weg. Sollten Sie mitten im Schuljahr stehen und viele Defizite in Ihrer Art der Klassenführung entdeckt haben, vermeiden Sie es, Ihr komplettes System umzukrempeln. Es ist weder Ihnen noch Ihren Schülern damit geholfen, wenn Sie sie überstrapazieren, indem Sie Ihr Vorgehen von heute auf morgen verändern. Suchen Sie sich diejenigen Aspekte heraus, die Ihnen am effektivsten für die Störungsbekämpfung erscheinen. Gehen Sie in kleinen Schritten auf Ihre Ziele zu und freuen Sie sich über die ersten Erfolge!

Falls Sie dieses Buch vor Beginn eines neuen Schuljahres lesen, haben Sie die Möglichkeit, mit Ihrem neuen Wissen komplett neu zu starten und von Anfang adäquat auf Störungen zu reagieren. Setzen Sie den Schwerpunkt auf die Prävention und lassen Sie es, wenn möglich, gar nicht erst dazu kommen. Zum Schluss möchte ich Ihnen noch elf Aspekte erfolgreichen Klassenmanagements mit auf den Weg geben, die Evertson, einer der bedeutendsten Namen im Bereich der Forschung zu Classroom Management, aufgestellt hat:

1. Bereiten Sie den Klassenraum vor. Achten Sie dabei darauf, die Materialien für die Schüler zugänglich zu platzieren und die Sitzordnung so zu gestalten, dass Sie alles im Blick haben.

2. Planen Sie Regeln und Verfahrensweisen. Stellen Sie gemeinsam mit Ihrer Klasse Verhaltensregeln für Gruppenarbeiten auf, halten Sie diese auf einem Plakat fest und sprechen Sie sie für unterschiedliche Situationen durch. Erstellen Sie ebenfalls eine Liste für Routinen.

3. Legen Sie die Konsequenzen für Regelverstöße sowie für erwünschtes Verhalten fest.

4. Unterbinden Sie unangemessenes Schülerverhalten, greifen Sie rechtzeitig ein und weisen Sie auf die Regeln hin.

5. Führen Sie Regeln und Routinen frühzeitig im Schuljahr ein.

6. Organisieren      Sie      Aktivitäten      zu

Schuljahresbeginn, um das Wir-Gefühl zu stärken.

7. Entwickeln Sie Strategien für potenzielle Probleme. Planen Sie den Umgang mit Störungen frühzeitig und unterscheiden Sie dabei inhaltliche Probleme, Leerlaufphasen und andere Gründe.

8. Beobachten Sie die Schüler genau, um Probleme möglichst bald zu erkennen und zu beheben.

9. Bereiten Sie den Unterricht so vor, dass unterschiedlich schwierige Lernaufgaben angeboten werden und damit verschiedene Leistungsniveaus innerhalb der Klasse bedient werden.

10. Steigern Sie die Verantwortlichkeit der Schüler Schritt für Schritt und durch passende Maßnahmen.

11. Gestalten Sie den Unterricht inhaltlich klar, indem Sie ausreichend viele Informationen bereitstellen und klare Formulierungen nutzen (vgl. Helmke 2012, S. 184).

Orientieren Sie sich an diesen Punkten, können Sie es erfolgreich schaffen, Unruhe vorzubeugen, mehr Struktur in Ihre Klasse zu bringen und proaktiv zu handeln. Entscheidend ist aber das Gesamtkonzept. Verinnerlichen Sie eine Wunschvorstellung davon, wie Ihr Unterricht funktionieren soll, und arbeiten Sie darauf hin. Lassen Sie sich von Rückschlägen nicht unterkriegen und testen Sie gern unterschiedliche Ansätze in Ihrer Klasse. Ich wünsche Ihnen viel Erfolg auf dem Weg zu erfolgreicher Klassenführung!

# 7. Literaturverzeichnis

Canter, L. (2002): Assertive Discipline. Secondary Workbook. Grades 6–12. Bloomington: Solution Tree.

Haag, L. / Streber, D. (2012): Klassenführung. Erfolgreich unterrichten mit Classroom Management. Weinheim: Beltz.

Helmke, Andreas (2012): Unterrichtsqualität und Lehrerprofessionalität. Diagnose, Evaluation und Verbesserung des Unterrichts: Seelze-Velber: Klett/Kallmeyer.

Hilger, Eckhard (1987): Eine Hauptschulklasse äußert sich über Disziplinschwierigkeiten; in: Friedrich Jahresheft Nr. 5

Keller, G. (2008): Disziplinmanagement in der Schulklasse. Unterrichtsstörungen vorbeugen – Unterrichtsstörungen bewältigen. Bern: Huber.

Lohmann, Gert (2003): Mit Schülern klarkommen – Professioneller Umgang mit Unterrichtsstörungen und Disziplinkonflikten. Berlin: Cornelsen Verlag Scriptor.

Loicht, G. (2016): Pädagogische Psychologie des Lehrens und Lernens. Münchner Skript 2.0. München

Meyer, H. (2004): Was ist guter Unterricht? Berlin: Cornelsen.

Rost, Detlef (2006): Handwörterbuch Pädagogische Psychologie. Weinheim: Beltz.

Seidl / Krapp (2014): Pädagogische Psychologie. Weinheim: Beltz.

Tücke, Manfred: Psychologie für die Schule: eine themenzentrierte Einführung in die pädagogische Psychologie für (zukünftige) Lehrer Volume 4 of Osnabrücker Schriften zur Psychologie. LIT Verlag, Münster, 2005.

Herstellung und Verlag:
BoD – Books on Demand, Norderstedt
ISBN: **9783755755586**

© Annika Wienberg 2022
1. Auflage
Kontakt: Psiana eCom UG/ Berumer Str. 44/ 26844 Jemgum
Covergestaltung: Fenna Larsson
Coverfoto: depositphotos.com